www.giunti.it

© 2005 Giunti Editore S.p.A., Firenze - Milano
Prima edizione (Gli Zecchini): 1987 Edizioni Primavera
Quarta edizione: maggio 2005

Ristampa	Anno
6 5 4 3 2 1 0	2009 2008 2007 2006 2005

Stampato presso Giunti Industrie Grafiche S.p.A. – Stabilimento di Prato

un Mondo di Fiabe

FIABE CINESI

a cura di
Marina Grassini

illustrazioni di
Cecco Mariniello

La leggenda dei dodici animali del calendario cinese

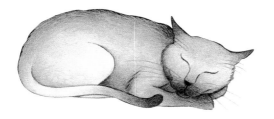

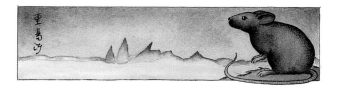

Il calendario cinese è diverso
dal nostro.

A ogni anno, secondo un ciclo di
dodici, è assegnato un particolare
animale che dà anche significato
all'anno stesso.

Ad esempio, il 1986 era l'Anno
della Tigre, della forza e del coraggio,
il 1865 è stato l'Anno del Bue, della
pazienza e della costanza, il 1994 è
stato l'Anno del Cane, dell'altruismo
e dell'amicizia.

In Cina, dunque, c'è chi è nato nell'Anno
della Lepre, chi nell'Anno della Tigre, chi nell'Anno

del Topo. Ma non c'è nessuno che sia nato nell'Anno del Gatto, perché questo è un anno che non esiste.

Volete sapere perché?

Tanti, tanti secoli fa, ci fu qualcuno tra gli uomini che disse:

– Scegliamo dodici animali per rappresentare l'anno della nostra nascita, ogni anno un animale, per un ciclo di dodici anni.

Ma siccome nel mondo c'erano, e ci sono, tantissime specie di animali, nacque il problema: quali scegliere? Si decise allora che, fissato un determinato

giorno, i dodici animali che si fossero presentati per primi, sarebbero stati scelti come i dodici segni del calendario.

Il gatto e il topo, che vivevano vicini ed erano amici, decisero di partecipare alla gara.

Il gatto disse:

- Dobbiamo alzarci presto per precedere gli altri animali. Purtroppo io, quando mi addormento, non riesco più a svegliarmi. Che cosa possiamo fare?

- Non preoccuparti - rispose il topo. - Dormi pure tranquillo, penserò io a svegliarti per tempo e faremo la strada insieme.

Il gatto miagolò felice:

– Sei davvero un buon amico. Grazie tante!

Arrivato il mattino stabilito, il topo si alzò alle prime luci dell'alba ma tanta era la sua fretta di partire che dimenticò di passare a svegliare il gatto.

Solo dopo esser arrivato al luogo dell'iscrizione ed esser stato scelto come uno dei dodici animali, mentre tornava alla sua tana, gongolante di gioia, si ricordò improvvisamente del vecchio amico. Corse da lui e lo trovò che ronfava, addormentato.

Immaginatevi la rabbia del gatto quando si rese conto che la gara era già finita e che non aveva potuto parteciparvi perché il topo non lo aveva svegliato! E così, da allora, gatto e topo sono diventati nemici e quando si incontrano è tutto un fuggi-fuggi, un acchiappa-acchiappa.

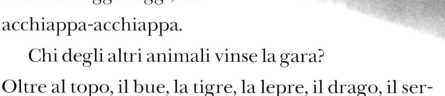

Chi degli altri animali vinse la gara?

Oltre al topo, il bue, la tigre, la lepre, il drago, il serpente, il cavallo, la capra, la scimmia, il gallo, il cane e il cinghiale.

Ma... un momento... perché il topo è il primo della lista?

Dovete sapere che, il giorno della gara, sia il topo che il bue si alzarono prestissimo e partirono insieme. Naturalmente, strada facendo, il topo rimase un po' indietro, per quanto ce la mettesse tutta: un passo del bue equivaleva almeno a mille dei suoi!

"C'è ancora tanta strada da percorrere" rifletté a un certo punto. "Devo trovare una soluzione che mi permetta di correre veloce come il vento senza però muovermi né affaticarmi... Uhm, come fare?"

Dopo essersi scervellato per un bel po', ecco che l'idea arrivò.

- Fratello bue, fratello bue! - strillò. - Vuoi che ti canti una canzone?

- Ma certo, canta pure... Ehi, allora, com'è che non canti?

- Ma io sto cantando! Sei tu che non senti nulla. Canto a squarciagola, ma la mia voce non ce la fa ad arrivare fino a te. Se mi lasciassi salire sul tuo collo, così da vicino mi sentiresti certamente.

- Va bene - rispose il bue. - Sali pure e aggrappati forte.

Il topolino non se lo fece ripetere due

volte, si arrampicò su per le zampe del bue, si accoc-
colò ben bene tra il pelo del collo e delle
orecchie e cominciò a cantare:

Fratello bue, fratello bue,
vola sui torrenti,
scavalca i pendii delle colline,
forza, forza,
presto, presto,
corri più veloce del vento!

Così incitato, il bue cominciò a correre più veloce che poteva.

Quando arrivò al luogo della gara non c'era ancora nessuno e, tutto felice, prese a muggire:

– Muuh... muuh... sono il primo, sono il primo!

Ma, proprio in quel momento, il topolino balzò giù dal collo del bue, saltò a terra, fece un gran salto in avanti, superando il bestione, e squittì:

– Io sono arrivato per primo!

Ed è per questo che il Topo è il primo dei dodici animali del calendario cinese.

Le otto tartarughine d'oro

C'era una volta un giovane di nome Wu Dun che viveva con la madre in una capannuccia ai margini di un villaggio.

I due non possedevano nulla, neppure un campicello da coltivare, e campavano a malapena in mezzo agli stenti.

Un bel giorno Wu Dun decise di andare a zappare un pezzo di terra incolta sul pendio della montagna per piantarvi del granturco.

Il pendio era ripido, pieno di pietre, la terra era arida, dura da zappare, e così Wu Dun

partiva da casa allo spuntar del giorno e tornava solo a notte fonda.

Ben presto sulle sue mani si formarono otto calli duri e spessi.

Ai piedi del pendio c'era un minuscolo stagno. A volte, prima di rientrare a casa, Wu Dun si tuffava nella fresca acqua color giada per darsi una bella lavata, e guazzava a lungo, felice.

Un giorno di sole infuocato, dopo aver lavorato ore e ore senza sosta, scava qui e zappa là, Wu Dun, tutto sporco e sudato dal capo ai piedi, si fermò come al solito a lavarsi nello stagno, e sfrega e sfrega, gli otto calli spessi e duri che aveva sulle mani, si staccarono. Non appena ebbero toccato quell'acqua lucente e pura, ecco che si trasformarono in otto tartarughine d'oro vive e guizzanti, bellissime.

Wu Dun pensò che quella faccenda era strana davvero; comunque, non tentò di catturare le tartarughine, non le toccò neanche, continuò a lavarsi e, quando ebbe finito, si diresse verso casa.

Quella sera era così stanco che, appena sdraiato sul letto, si addormentò come un sasso

A mezzanotte in punto qualcosa lo svegliò: era un rumore leggero, una specie di fruscio che veniva dalla giara usata per conservare il riso.

Nel dormiveglia, Wu Dun pensò che dovevano esserci in giro dei topi, ma siccome la

giara era completamente vuota, non si preoccupò; si girò dall'altra parte e riprese il sonno interrotto.

Il giorno seguente, all'alba, si alzò, si guardò intorno e rimase pietrificato dallo stupore: la giara era stracolma di riso e, sopra il gran mucchio candido, otto piccole tartarughe dorate emettevano dalla bocca, in continuazione, altri chicchi lucenti!

Da quel giorno la vita di Wu Dun e di sua madre migliorò molto.

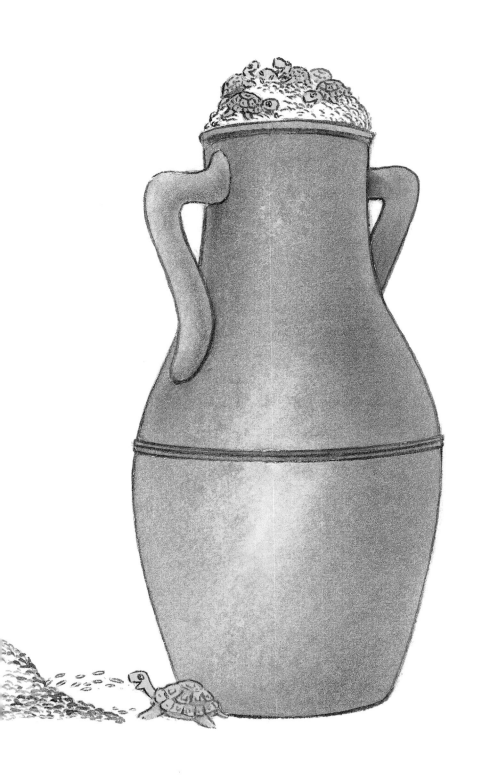

Ora c'era di che vivere perché ogni notte le tartarughine riempivano la giara, ma il bravo giovanotto continuò ugualmente ad andare tutti i giorni sul pendio della montagna a zappare la terra dove un giorno avrebbe seminato il granturco.

Ora, bisogna sapere che nel villaggio viveva un altro giovane, di nome Shen Chang, lazzarone e pigro, che non aveva mai voluto saperne di lavorare in vita sua.

Quando seppe ciò che era accaduto a Wu Dun, Shen Chang decise di

recarsi subito allo stagno dall'acqua color giada a lavarsi. Ci andò, ma siccome non aveva mai fatto nulla di faticoso, le sue mani erano bianche e lisce, senza

neanche l'ombra di un callo. Si lavò per mezza giornata, ma nell'acqua non comparve nessuna tartaru-
ghina d'oro.

Allora pensò:

"Se non posso avere le magiche tartarughine, posso
sempre tentare di rubarle".

E così, quella notte stessa, si diresse verso la capanna
di Wu Dun, con una vanga in spalla. Scavò un gran
buco vicino al muro e vi accostò un sacco; stava per

farlo passare all'interno quand'ecco le tartarughine uscire dal buco e infilarsi nel sacco!

Soddisfatto, Shen Chang borbottò:

- Che fortuna ho avuto! Non ho dovuto neanche cercarle, sono venute da sole, spontaneamente!

Ma ecco che, senza sapere come, le otto tartarughine dorate sbucarono dal sacco e lo assalirono da tutte le parti. Una gli rosicchiò il naso, una la bocca, una il mento, due le orecchie e tre i capelli.

Qualche giorno più tardi Wu Dun incontrò Shen Chang. Lo fissò, sbalordito, e gli disse:

- Ehi, come sei ridotto! Hai incontrato uno spirito maligno? Hai perso tre quarti dei capelli, hai il naso, le orecchie e la bocca tutti mangiucchiati, e un buco nel mento. Dimmi, che cosa è successo?

Shen Chang non poteva rispondere, con la bocca tutta rosicchiata. Allora si mise a piangere e le sue lacrime erano così grosse e lucenti che sembravano chicchi di riso.

La Pozza del Sole
e della Luna

Tanti e tanti secoli fa, nell'Isola Preziosa, sul Mar Giallo, viveva una coppia di giovani. L'uomo si chiamava Da Chen, la donna Shui She. La loro capanna era sulla riva di un fiume e vivevano di pesca.

In una bella giornata limpida e luminosa Da Chen e Shui She stavano pescando come al solito, quando d'improvviso l'aria fu scossa da un fragoroso boato, la terra cominciò a tremare, l'acqua del fiume prese a ribollire e, in un batter d'occhio, cielo e terra si oscurarono: il sole era scomparso!

I due sposi fuggirono via, spaventati, e, a tentoni, dopo aver vagato a lungo nel buio, ritrovarono la via di casa.

La sera, quando la luna si levò alta nel cielo, Da Chen e Shui She pensarono di approfittare di quei pallidi raggi per riparare le reti da pesca che si erano rotte durante la fuga. Ma ecco che, d'improvviso, nell'aria della notte risuonò di nuovo un fragoroso boato e anche la luna scomparve!

Da quel giorno in poi, senza più sole e senza più luna, il mondo intero prese l'aspetto di un immenso calderone nero e nessuno riusciva più a distinguere il giorno dalla notte. I fiori non sbocciavano, gli uccelli non cinguettavano, gli alberi e le messi erano risecchiti. Come si poteva vivere così?

Da Chen disse:

- Il sole e la luna sono certamente caduti in qualche luogo sconosciuto. Vado a cercarli!

- Dove vai tu vengo anch'io - replicò Shui She. - Partiamo insieme.

E così chiusero la porta della capanna e, con una torcia in mano per rischiarare il cammino, si misero alla ricerca del sole e della luna.

Cammina, cammina, accendi una torcia e poi un'altra, senza più sapere quante miglia avessero percorso né quante torce avessero consumato, i due sposi un

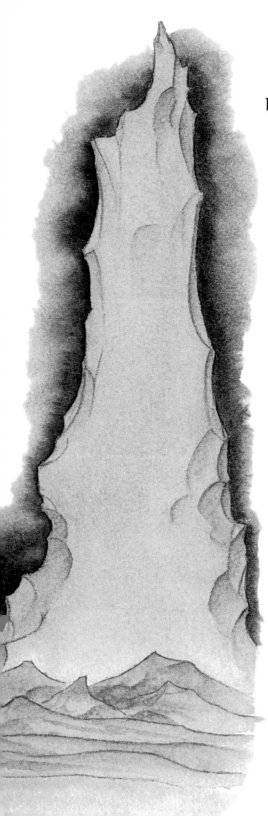

bel giorno, arrivati ai piedi di un'alta montagna, videro accendersi sulla cima un gran bagliore, e poi spegnersi e accendersi di nuovo. Meravigliati da quel fenomeno, decisero di dargli un'occhiata da vicino.

Avevano appena cominciato a arrampicarsi quando si imbatterono in un vecchio dalla barba bianca. Da Chen gli chiese:

– Venerabile vecchio, puoi spiegarci che cos'è mai questo bagliore che appare e scompare davanti ai nostri occhi?

Il vecchio rispose:

– Sono il sole e la luna.

– Eh? Com'è possibile?

Il vecchio allora raccontò che, proprio in cima a quella montagna, c'era una pozza d'acqua profondissima e cristallina dove vivevano due draghi malvagi: l'Imperatore Drago e la sua consorte. Un giorno che il sole stava riflettendo i suoi raggi proprio su quella pozza, l'Imperatore Drago era improvvisamente balzato fuori dall'acqua e, con le fauci spalancate, lo aveva inghiottito in un solo boccone. Arrivata la sera di quel giorno, quando la luna aveva riflesso la sua luce argentea sulla pozza, l'Imperatrice Drago era balzata improvvisamente fuori dall'acqua e, con le fauci spalancate, l'aveva inghiottita in un solo boccone. Da quel giorno i due non facevano che nuotare su e giù, giocando divertiti con il sole e con la luna proprio come se fossero due palle; ora li ingoiavano, ora li sputavano per ingoiarli di nuovo.

Da Chen e Shui She dissero rivolti al vecchio:

– Venerabile vecchio, non sappiamo più quante miglia abbiamo percorso né quante torce abbiamo consumato in questa terra buia, e sai perché? Proprio per ritrovare il sole e la luna!

Il vecchio rispose:

- Quei due draghi sono ferocissimi! Hanno inghiottito il sole e la luna, come potete sperare di vincerli?

- Proveremo ugualmente - ribatterono i due sposi.
-Aspetta e vedrai, venerabile vecchio... riporteremo certamente indietro il sole e la luna.

- Siete due giovani coraggiosi e voglio aiutarvi - disse il vecchio. - Per affrontare i due dragoni, dovrete impadronirvi dell'Ascia d'Oro e delle Forbici d'Oro sepolte nel cuore del Monte Alishan. Sono le uniche armi efficaci per le loro fauci e i loro artigli. Su, presto, andate!

Da Chen e Shui She ringraziarono il vecchio inchinandosi molte volte, poi corsero al Monte Alishan e, scava e scava, finalmente arrivarono al cuore del Monte e dissotterrarono l'Ascia d'Oro e le Forbici d'Oro.

Da Chen impugnò l'Ascia, Shui She le Forbici, poi tutti e due salirono sulla cima della montagna e affacciandosi al bordo della pozza videro i due draghi che giocavano con il sole e con la luna; ora guazzavano in superficie, ora si inabissavano, nuotando veloci.

Allora Da Chen scagliò l'Ascia d'Oro nella pozza. Si

udirono due suoni soffocati... splash... splash... ed ecco le teste dei dragoni, tagliate di netto, venire a galla, mentre l'acqua tutto intorno si tingeva di rosso.

I dragoni, però, non erano ancora morti e stavano per balzare fuori dagli abissi e fuggire nel cielo. Ma Shui She, rapidissima, scagliò le Forbici d'Oro nella pozza. Si udirono due suoni soffocati... ciak... ciak... e le teste dei dragoni andarono in pezzi.

Il sole, immenso e ribollente, e la luna, splendente e cristallina, rotolarono fuori dalle fauci dei mostri. Subito Da Chen afferrò il sole, lo scagliò verso il cielo azzurro e, per non farlo ricadere giù, prese un grosso albero di palma e lo puntellò bene in alto con il tronco possente.

Dopo uno, due, tre giorni... finalmente il sole rimase fermo in mezzo al cielo.

Ora era la volta di Shui She che afferrò la luna, la scagliò nell'alto del firmamento stellato, quindi prese lei pure un robusto albero di palma e con il tronco puntellò l'astro d'argento finché non rimase fermo in mezzo al cielo.

Così il mondo ebbe di nuovo giorni chiari e notti d'argento, i fiori ripresero a sbocciare, gli uccelli a cinguettare, gli alberi e le messi crebbero più rigogliosi di prima.

Secolo dopo secolo, i due tronchi usati da Da Chen e Shui She per puntellare il sole e la luna si trasformarono in due immense montagne, la montagna di sinistra si chiama Da Chen, quella di destra Shui She, e la pozza in cima alla montagna è conosciuta da tutti come la Pozza del Sole e della Luna.

I Cinque Fratelli del villaggio Liu

Anticamente, sulle rive del Mar Giallo c'era un villaggio chiamato Liu Jia Zhuang e lì abitava una coppia di sposi.

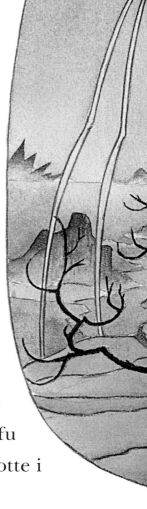

Un anno, la donna mise al mondo cinque figlioletti, così uguali che non si riusciva a distinguere l'uno dall'altro.

Col passare degli anni, i Cinque Fratelli si fecero adulti e ciascuno sviluppò doti straordinarie.

Il Primo, che poteva prosciugare l'intero Mar Giallo con un sorso solo, fu soprannominato "Colui che Inghiotte i Mari".

Il Secondo, che poteva passeggiare per tre giorni e tre notti in mezzo al fuoco senza perdere neanche un capello, fu soprannominato "Colui che il Fuoco non Brucia".

Il Terzo, che poteva allungare o accorciare le gambe a suo piacimento, fu soprannominato "Colui che Allunga le Gambe fino al Cielo".

Il Quarto, che aveva le membra del corpo così dure da non poter essere ferito da nessuna lama, fu soprannominato "Colui che il Coltello non Ferisce".

Il Quinto, che capiva e parlava il linguaggio di ogni essere vivente, animale terrestre o uccello che fosse, fu soprannominato "Colui che Comprende Tutti i Linguaggi".

I cinque vivevano tranquilli e felici nel minuscolo villaggio. Il Primo Fratello pescava sulla riva del mare, il Secondo attizzava il fuoco e preparava da mangiare in cucina, il Terzo e il Quarto lavoravano nei campi, il Quinto allevava galline e pascolava pecore.

Un giorno, un grande ufficiale della vicina città decise di recarsi nei boschi intorno al villaggio Liu per una battuta di caccia. Il Quinto Fratello lo seppe per caso e subito corse ad avvertire tutti gli animali e gli uccelli di restare chiusi nelle tane per tutto il giorno.

E così, quando il grande ufficiale arrivò nel bosco con il suo seguito, lo trovò completamente deserto e dovette tornare a palazzo senza aver catturato neppure un uccellino. Qualcuno gli disse che, di sicuro, in quella faccenda c'era lo zampino del Quinto Fratello e allora lui, pieno di rabbia, ordinò alle guardie di catturarlo, portarlo in città e gettarlo nella gabbia della tigre. Voleva proprio godersi lo spettacolo!

Ma il giovanotto, gettato nella gabbia, non si spa-

ventò neanche un poco. Fece un sorriso alla tigre e le disse:

- Ehilà, amica mia, sono venuto a tenerti compagnia.

La tigre, che da anni non scambiava una parola con nessuno, dimenticò tutta la sua ferocia e si mise a chiacchierare, tutta felice, con il nuovo arrivato.

Il grande ufficiale, nel vedere una cosa simile, pestò i piedi per la rabbia, si strappò i capelli e ordinò:

- Che costui sia chiuso nella prigione più profonda e che domani gli sia tagliata la testa.

Quando seppe la sorte del suo quinto figlio, la madre si mise a piangere disperatamente.

Il Quarto Fratello le disse:

– Mamma, non piangere! Io non temo spade affilate né lame taglienti... vado a prendere il posto di mio fratello.

Detto ciò, a notte fonda si recò in città, scivolò furtivamente nella cella del fratello e gli sussurrò:

– Corri a casa... presto... domattina me la vedrò io con questa gente!

Il Quinto Fratello fuggì dalla prigione, andò a liberare la tigre, le balzò in groppa e tornò a casa a dormire.

Il giorno seguente, allo spuntare dell'alba, le guardie andarono a prendere il Quarto Fratello e, siccome tutti i fratelli erano uguali come gocce d'acqua, credettero che fosse quello che avevano imprigionato la sera prima e lo condussero all'esecuzione.

Ci fu un cupo rullar di tamburi, poi il grande ufficiale balzò in piedi, urlando:

– Tagliate quella testa!

Un soldato grande e grosso si fece avanti, mirò al

collo del giovane e... zac! Ma la spada si spezzò in due con un rumore metallico.

Il grande ufficiale, furibondo, urlò a squarciagola:

- Cambiate lama, presto, portate un'altra spada!

E così fu portata un'altra spada, e poi un'altra, e un'altra ancora... ma tutte si ruppero a metà.

Il Quarto Fratello, senza neanche un graffio sul collo, si girò verso il grande ufficiale con aria di scherno. Questi, tirandosi la barba, livido in viso per la rabbia, ordinò:

- Rinchiudete costui nella cella più sicura della prigione: domani lo trascineremo in cima alla montagna più alta e lo getteremo giù da un dirupo.

Quando seppe la sorte del suo quarto figlio, la madre si mise a piangere disperatamente.

Il Terzo Fratello le disse:

- Mamma, non piangere! Ora è il mio turno: vado a sostituire il Quarto Fratello.

Detto ciò, non fece quasi in tempo a urlare a gran voce: "Allungatevi" che le sue gambe sembrarono trasformarsi in due pilastri che sorreggevano la volta celeste.

Con un solo passo giunse in città, si introdusse di nascosto nella prigione e disse al Quarto Fratello:

- Vai a casa, presto! Domani me la vedrò io con questa gente.

Il giorno seguente, il grande ufficiale, dopo aver ordinato di portare il prigioniero sulla cima di un'alta montagna, comandò:

– Buttatelo giù!

Le guardie lo presero e lo gettarono nel precipizio ma... mentre precipitava, il giovanotto urlò a gran voce:

– Allungatevi!

Immediatamente le sue gambe divennero lunghissime, fino a toccare le pendici del monte. Poi, una volta a terra, il giovanotto sollevò la testa, guardò in alto e fece una gran risata.

Con gli occhi che sprizzavano scintille e la bava alla bocca, il grande ufficiale urlò alle sue guardie:

– Presto, correte a riprendere costui! Domani lo bruceremo vivo!

Quando seppe la sorte del terzo figlio, la madre prese a piangere disperatamente. Il Secondo Fratello le disse:

– Mamma, non piangere! È arrivato il mio turno: vado a prendere il posto del Terzo Fratello.

Così dicendo uscì, senza neppure mangiare, prendendo con

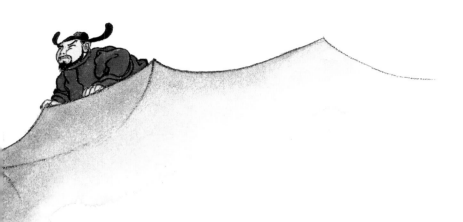

sé solo due grossi pani ancora da cuocere. Giunto in città, sgattaiolò dentro la prigione senza che nessuno lo vedesse, raggiunse il Terzo Fratello e gli disse:

– Presto, scappa via, domani me la vedrò io con questa gente!

Il Terzo Fratello si stiracchiò le gambe, imboccò la via di casa e vi giunse giusto in tempo per la cena.

Il giorno seguente l'alba non era ancora spuntata quando le guardie accesero un gran fuoco fiammeggiante. Il grande ufficiale urlò:

– Bruciate vivo quell'uomo!

Le guardie afferrarono il Secondo Fratello e lo gettarono nel fuoco ardente, ma il giovanotto, senza scomporsi affatto, tirò fuori dalle ampie maniche i due pani, li fece ben dorare sulle fiamme e, affamato come un lupo, li divorò in pochi bocconi.

Digrignando i denti per la rabbia e tutto paonazzo in viso, il grande ufficiale pensò in cuor suo:

"È mai possibile che una personalità potente e ricca come me non riesca ad avere la meglio su un giovane povero e ignorante?".

Ordinò così alle guardie di uscire con la nave più grossa della flotta, l'indomani, e, una volta in mare aperto, di gettare il suo nemico in pasto ai pescicani.

Quando seppe la sorte del suo secondo figlio, la madre si mise a piangere disperatamente. Il Primo Fratello le disse:

– Mamma, non disperarti! Ora è proprio arrivato il mio turno! Vado a sostituire il Secondo Fratello.

Corse alla prigione, trovò il fratello e gli disse:

– Scappa a casa, presto… domani me la vedrò io con questa gente!

Il giorno seguente, il grande ufficiale salì a bordo della nave più grossa
della flotta, comandò alla ciurma
di legare ben stretto il giovane
all'albero maestro e di sal-
pare.

Arrivati in alto mare, con
le sue stesse mani gli mise al

collo una pietra pesantissima e con un tonfo... splash... lo spinse giù negli abissi più profondi.

Ma il Primo Fratello, arrivato sul fondo, spalancò la bocca e aspirò a grandi boccate tutta l'acqua del mare. Così facendo, causò onde talmente enormi da rovesciare la nave del grande ufficiale che finì, con tutta la ciurma, tra i denti aguzzi dei pescicani.

Dopo aver inghiottito tutto il Mar Giallo, il Primo Fratello raggiunse la riva, aprì la bocca e restituì al mare fino all'ultima goccia d'acqua. Poi tornò tranquillamente a casa, proprio in tempo per cenare in allegria con la mamma ed i quattro fratelli.

La leggenda dell'arciere Yi

Migliaia e migliaia di anni fa, in un'isoletta in mezzo all'Oceano si alzava un albero maestoso dal tronco robusto e altissimo: era la dimora del sole.

A quel tempo c'erano dieci astri che ruotavano a turno: oggi il primo sole, domani il secondo, dopodomani il terzo e così via.

Ogni giorno, al cantar del gallo, la loro madre, la Signora del Cielo, alla guida di un carro dorato andava a prendere il sole di turno e lo scortava fino nel mezzo del cielo; poi, appena giungeva la sera,

ritornava da lui con un carro trainato
da nove dragoni rossi come il fuoco e lo
conduceva di nuovo alla sua dimora sull'albero.

E così fu, per millenni e millenni.

Una notte, però, ritornati come sempre sul
loro albero, i dieci soli cominciarono a borbottare,
a lamentarsi.

– Brilliamo nel cielo soltanto una volta ogni
dieci giorni e, in più, nostra madre ci viene a
prendere e ci riporta a casa... una vita così non ha
proprio senso!

Uno propose: – Domani non aspettiamo che
lei venga a prenderci, andiamo nel cielo tutti
insieme!

Così, il giorno seguente, senza aspettare il chicchirichì del gallo, i dieci soli lasciarono il grande albero e si sparpagliarono nell'azzurro.

Fu una tragedia.

Il cielo splendeva talmente che gli uomini non riuscivano a tenere gli occhi aperti, l'aria era rovente, irrespirabile. Ben presto i fiumi si seccarono, bruciarono le messi, mentre uomini e animali, non sopportando quel caldo spaventoso, morivano come mosche.

Se i dieci soli avessero giocato insieme nel cielo per tutto il giorno, il genere umano non avrebbe avuto scampo.

Fortuna volle che il Signore del Cielo, padre dei dieci soli, venisse a conoscenza dell'accaduto.

Dapprima si arrabbiò moltissimo, poi ordinò al fedele Arciere Yi di andare immediatamente ad ammonire i figli scapestrati.

L'Arciere Yi prese l'arco e dieci frecce e si diresse verso il mondo degli uomini insieme alla moglie Chang E. Era il più bravo degli arcieri, ogni suo colpo andava sempre a segno.

Non appena ebbe visto la calamità che aveva colpito gli uomini, Yi incoccò immediatamente una freccia e la lanciò, sibilante, nell'aria, pensando di riuscire a spaventare i dieci soli.

Ma quelli non se ne dettero per intesi e continuarono a rincorrersi ridendo e scherzando nel cielo arroventato.

Che fare, ora?

Per salvare dalla distruzione il genere umano, non c'era che una soluzione. L'Arciere Yi mirò a uno dei soli e lasciò partire una freccia che centrò il bersaglio. L'astro cominciò a cadere, simile a una palla di fuoco, e, rotola, rotola... prima di toccare terra si trasformò in un corvo dalle piume colore dell'oro.

Ma c'erano ancora nove soli nel cielo che si rincorrevano impunemente.

Una di seguito all'altra, cinque frecce partirono e colpirono a morte cinque soli. Sulla Terra l'aria non era più torrida come poco prima ma la gente, prostrata dal caldo, moriva ancora.

Solo dopo che l'Arciere Yi ebbe colpito altri tre

astri e nel cielo fu rimasto un unico sole, la temperatura tornò normale, gli uomini ripresero a respirare, i fiumi a scorrere, le messi ingiallite rialzarono la testa.

Il Signore del Cielo, però, era furibondo. Aveva mandato l'Arciere Yi ad ammonire i suoi figli, non a ucciderli! Per vendicarsi, decise di non permettere più a Yi e a sua moglie Chang E di tornare nella Dimora degli Dei.

L'Arciere Yi non se la prese troppo; Chang E, invece, pianse e si disperò: prima era una piccola divinità celeste, ma ora, trasformata in una creatura mortale qualsiasi, sarebbe diventata vecchia e brutta e infine sarebbe morta! Questo pensiero la tormentava e non faceva che singhiozzare da mattina a sera.

Un giorno, una vecchia le disse che la Dea Regina dell'Occidente possedeva un prezioso filtro che dava l'eterna giovinezza e l'immortalità; subito supplicò il marito di recarsi nei lontani Monti Kunlun per impietosire la Dea e farsi dare un po' del suo filtro magico.

Intorno ai Monti Kunlun svettavano catene di montagne le cui cime erano perennemente avvolte da un turbinio di fuoco così terribile da liquefare rame e ferro ma, per amore della moglie, il coraggioso arciere non si lasciò spaventare e si aprì una via tra le fiamme.

Le pendici dei Monti Kunlun erano circondate da un fiume ribollente e impetuoso. Se un

uccello perdeva una piuma, non appena questa toccava la superficie dell'acqua veniva immediatamente inghiottita dalla furia dei flutti. Ma neanche questo riuscì a fermare l'intrepido arciere che, senza aspettare un minuto in più, attraversò il fiume nuotando vigorosamente.

I Monti Kunlun erano altissimi, pieni di precipizi nascosti e dirupi scoscesi, ma l'Arciere Yi li scalò fino a raggiungere la cima. E sulla cima c'era un campo di riso talmente alto e rigoglioso da sembrare una foresta.

Proprio al centro di quello strano campo di riso sorgeva un sontuoso palazzo reale e un gigantesco, terribile mostro a nove teste sorvegliava l'ingresso: quella era la dimora della Dea Regina dell'Occidente.

L'Arciere Yi entrò nel palazzo, raggiunse la sala del trono e si inchinò rispettosamente davanti alla Dea che lo accolse con un sorriso.

- Sei davvero forte e coraggioso - gli disse. - Sei scampato alle fiamme e ai flutti, ti sei arrampicato fin quassù, hai sfidato il mostro a nove teste. Di certo vieni a chiedermi il filtro dell'eterna giovinezza e dell'immortalità. Ho indovinato?

Così dicendo, la Dea fece un
cenno con la mano e immediatamente entrarono volando tre
uccelli che con i becchi sostenevano
una fiaschetta. Poi si rivolse all'arciere.

– Questa fiaschetta contiene il filtro
dell'immortalità, fatto con il succo dei
Frutti Immortali dell'Albero Im-

mortale che fiorisce una volta ogni tremila anni e fruttifica una volta ogni seimila. Pensa dunque quanto è prezioso. Ecco, ce n'è a sufficienza per te e per tua moglie e va bevuto nel primo giorno di luna nuova.

L'Arciere Yi ringraziò più volte la Dea Regina dell'Occidente, poi, con la preziosa fiaschetta, discese la montagna, attraversò il fiume, passò tra i monti infuocati. Camminò per giorni e notti finché, finalmente, giunse a casa:

– Ecco il filtro che rende immortali.

Piena di gioia, la donna afferrò la fiaschetta, la stappò e chiese:

– Che cosa succede a chi ne beve il contenuto?

– Potrà volare di nuovo nella Celeste Dimora degli Dei – rispose Yi. – Il contenuto serve per te e per me e va bevuto nel primo giorno di luna nuova. Intanto, riponi la fiaschetta in un luogo sicuro.

Ma Chang E in cuor suo desiderava tornare al più presto nella Dimora Celeste degli Dei e così una notte, approfittando del fatto che Yi era fuori a caccia, prese la fiaschetta e ingoiò il filtro tutto d'un fiato.

Un attimo dopo il suo corpo si fece leggero leggero, prese a volteggiare nell'aria, fluttuò fuori dalla finestra e, come una nuvola, si diresse verso il firmamento.

Vola e vola, Chang E stava per arrivare alla Dimora Celeste degli Dei quando un pensiero le balenò alla mente:

"Non posso tornare lassù! Quando tutti sapranno che ho ingannato Yi l'Arciere e che ho bevuto da sola il filtro dell'immortalità, chi mi salverà?"

E, più rifletteva, più si rendeva conto di aver fatto un terribile errore.

No, non poteva proprio tornare di nuovo tra gli Dei!

Allora si girò e si mise a volare verso la Luna. Ma la Luna era gelida e deserta; c'era solo un albero pieno di bianchi fiori profumati e un piccolo coniglio bianco che, con un pestello, frantumava delle erbe senza mai fermarsi.

Chang E guardò in basso, verso il mondo degli uomini. C'era chi lavorava nei campi, chi seminava e chi mieteva, tutti sembravano felici.

Era piena di rimorsi, ma ormai era troppo tardi, non aveva scelta.

E così, ancora oggi è lì, sulla Luna, appoggiata al tronco dell'albero fiorito con l'unica compagnia del piccolo coniglio bianco che sminuzza incessantemente erbe magiche con il suo pestello.

Se guardate bene, nelle notti di luna piena, potete vederla anche voi.

Zucca d'oro e baccello d'argento

C'era una volta un vecchio e una vecchia che vivevano alle pendici del Monte Tieguishan; lavoravano sodo nel loro campicello coltivando ortaggi e verdura e tiravano avanti con difficoltà.

Un anno, a causa della lunga siccità, i semi non germogliarono, le piantine non spuntarono. I due vecchi erano ansiosi e preoccupati. Un giorno, però, scoprirono che nel campicello erano cresciuti due lunghi steli, uno di colore rosa pallido, l'altro verde smeraldo. Pieni di gioia zappettarono subito il terreno tutto

intorno, lo liberarono da sassi ed erbacce, andarono ad attingere acqua in un luogo lontanissimo per innaffiare abbondantemente.

I due steli crebbero in fretta, sempre più robusti.

Sul fusto color rosa germogliarono dapprima verdi foglioline, poi sbocciò un delicato fiore giallo e, appassito il fiore, spuntò una bella zucca dorata.

Lo stelo color verde era invece un rampicante, così grande che aveva addirittura raggiunto la palizzata del campicello. Sulla sua cima sbocciò un delicato fiore rosa e, appassito il fiore, spuntò un unico baccello di piselli, color argento, arcuato come uno spicchio di luna.

A marzo erano germogliati i semi, ad aprile erano spuntate le prime foglioline, a maggio erano sbocciati

i fiori, a giugno erano comparsi i frutti e a luglio la zucca era maturata e il baccello era pieno di freschissimi piselli. I due vecchi pensarono che era giunto il momento di raccogliere i frutti e metterli a seccare.

Ma non avevano ancora allungato le mani che la zucca cadde a terra da sola, si spaccò in due e ne balzò fuori un bel bambino roseo e paffuto. La stessa cosa avvenne con il baccello d'argento: cadde al suolo, si spaccò in due e ne uscì fuori una bella bambina rosea e paffuta.

– Babbo, mamma... mamma, babbo! – gridarono due vocette allegre e acute.

I due vecchi erano talmente felici e sbalorditi che sul momento non riuscirono ad aprire bocca. Quando, finalmente, poterono parlare, chiamarono Zucca d'Oro il bambino e Baccello d'Argento la bambina.

Ai due piccoli piaceva aiutare i genitori nel lavoro dei campi, andar su per la collina a far legna o giù al pozzo ad attingere acqua, preparare da mangiare. E così la famigliola viveva felice e contenta.

Un anno, tra la verdura che il bambino aveva piantato nell'orto, crebbe una zucca talmente grande che tre uomini non sarebbero riusciti ad abbracciarla e, tra i pulcini che la bambina aveva allevato, crebbe un gallo superbo; le sue piume avevano i colori delle nubi al tramonto, le zampe avevano artigli di ferro, la cresta era un'aureola di fuoco.

Ora, alle pendici del Monte Tieguishan viveva anche un uomo ricco, di nome Li Caizhu, padrone di tutte le terre circostanti. Un giorno, costeggiando il campicello dei vecchi in groppa al suo mulo, vide tutta quella meraviglia di frutta e verdura che vi cresceva e, pieno di invidia, pensò d'impossessarsene.

- Questa è la mia terra - mormorò tra sé e sé. - Chi può aver osato coltivarla senza il mio permesso? Chi ha osato tanto?

E così, dopo aver mandato i suoi servi a informarsi a destra e a sinistra, ordinò ai due vecchi di presentarsi al suo cospetto. Con il dito puntato verso di loro disse, in tono feroce:

- Questa montagna e questo campicello appartengono alla famiglia Li e voi avete coltivato le mie terre. Perché non mi avete consegnato il raccolto?

I due vecchi risposero, risentiti:

- Questa montagna era solo un cumulo di pietre taglienti e questa terra era incolta e deserta. Abbiamo sudato per più di quarant'anni per far fruttare il nostro campicello!

Ma Li Caizhu non volle sentire ragioni; fece i suoi conti con il pallottoliere e sentenziò:

- Avete tre giorni di tempo per consegnarmi dieci libbre d'oro e d'argento. Se non lo farete, manderò i miei servi a cacciarvi via da queste terre!

Zucca d'Oro e Baccello d'Argento videro i genitori tornare abbattuti e piangenti e quando seppero l'accaduto, fecero di tutto per consolarli.

- Mamma, babbo, non preoccupatevi. La gente dice che il cuore del Monte Tieguishan nasconde oro e argento a profusione. Bene, noi li cercheremo e li troveremo!

Salirono sul Monte Tieguishan con zappa e piccone e, scava, scava, le loro mani erano già tutte piene di vesciche, dalla loro fronte cadevano pesanti gocce di sudore, ma di oro e argento, neanche l'ombra!

A un tratto, ecco comparire nell'azzurro del cielo un uccello maestoso che, afferrata saldamente la montagna con gli artigli, la sollevò con un tremendo fragore. Subito dopo, un enorme masso, rotolato non si sa da dove, si pose proprio tra la terra e la montagna in modo da mantenere sospesa quest'ultima.

E dalla gran fessura che si era creata si diffusero nell'aria il caldo luccichio dell'oro e la candida luce dell'argento. Le viscere scoperte della montagna ne traboccavano!

Allora Zucca d'Oro prese un pezzo d'oro e Baccello d'Argento due pezzi d'argento.

Mentre i due fratellini stavano per riprendere la via di casa, il grande masso rotolò rumorosamente fino ai piedi di Zucca d'Oro: a vederlo da vicino, sembrava proprio la grossa zucca che il bambino aveva coltivato nell'orto con le sue stesse mani. Subito dopo, l'immenso uccello che aveva sollevato la montagna, la lasciò scivolare di nuovo al suo posto e volò accanto a Baccello d'Argento: a guardarlo da vicino, sembrava proprio quel gallo che la bambina aveva allevato con le sue stesse mani.

Il terzo giorno Li Caizhu si presentò alla capanna e i due vecchi gli consegnarono il pezzo d'oro e i due d'argento. Lui li pesò e vide che erano dieci libbre esatte, non un grammo di più, non uno di meno. Abbagliato dal luccichio dei metalli preziosi, chiese con grande avidità:

– Dove avete preso queste ricchezze?

I due vecchi, ingenui ed onesti, gli raccontarono tutta la storia così come l'avevano saputa dai figli.

Il giorno seguente Li Caizhu comandò ai servi di impadronirsi della zucca che giaceva nell'orto e del gallo che se ne stava nel pollaio e di portarli alle pendici del Monte Tieguishan. Ordinò poi al gallo di sollevare la montagna e alla zucca di porsi come puntello

tra questa e la terra. Pensando alle ricchezze nascoste nel buio, tutti avevano gli occhi lucidi e la bava alla bocca e facevano piani su come portare a casa l'enorme tesoro.

Ma, proprio in quel momento, arrivarono Zucca d'Oro e Baccello d'Argento. Il bambino urlò:

– Zucca, zucca, presto, ritorna nel campicello, non permettere che gente così malvagia si arricchisca!

E la zucca, come sentì la voce del padroncino, prese subito a rotolare verso il campicello.

Baccello d'Argento gridò:

– Gallo, gallo, presto, lascia andare la montagna, così da annientare i nostri nemici!

E il gallo, non appena udì la voce della padroncina, mollò la presa e volò verso il pollaio. Un attimo dopo, un fragoroso boato scosse tutta la Terra: la montagna era di nuovo tornata al suo posto, schiacciando il malvagio Li Caizhu e i suoi degni servitori.

E l'oro e l'argento rimasero custoditi per sempre nel cuore della montagna, là dove gli uomini avidi ed egoisti non avrebbero mai potuto raggiungerli.

La barca magica

C'era una volta un bambino bravo e buono che si chiamava Wang Xiaoer.

Un giorno, mentre andava a far legna nei boschi, Xiaoer vide un vecchio con i capelli bianchi come la neve che tentava di attraversare un fragile ponticello senza sostegni. Temendo che potesse cadere nell'acqua, gli si avvicinò e gli disse:

– Aspetta, ti porterò io al di là del ponte, in spalla.

Il vecchio, vedendo che si trattava di un bambino, rifiutò, ma non aveva fatto nean-

che tre passi che vacillò e cadde nel torrente. Xiaoer subito si tuffò nell'acqua gelida e lo trasse in salvo.

Il vecchio lo ringraziò più e più volte, poi tirò fuori dall'ampia manica una scatoletta di legno profumato, l'aprì, prese una minuscola barchetta di carta che c'era dentro, la pose a galleggiare sull'acqua e ordinò con voce imperiosa e decisa:

– Diventa grande, barchetta, diventa grande, sottometti la forza del vento e padroneggia le onde!

Non aveva finito di parlare che la barchetta si trasformò in una grande e solida barca di legno, ormeggiata sull'acqua. Xiaoer era rimasto impietrito dallo stupore. Il vecchio lanciò un altro ordine:

– Presto, barchetta, ritorna alla tua forma originaria!

E la grande barca di legno si trasformò nella leggera barchetta di carta di prima. Era proprio magica!

Felice ed eccitato, Xiaoer gridò:

– Che bello! Con questa barca non c'è più da temere le inondazioni del fiume!

Il vecchio gliela porse e disse:

– Prendila: è tua.

E scomparve nel nulla.

Passò del tempo ed ecco che in autunno, dopo dieci giorni e dieci notti di pioggia, il fiume si gonfiò paurosamente: la furia delle sue acque stava per travolgere la casetta di Xiaoer. Allora il ragazzo tirò fuori la barchetta magica, ripeté le parole di comando del vecchio e subito comparve la grande e robusta imbarcazione di legno. Lui vi trasportò immediatamente la sua mamma e un grande gatto bianco a cui era molto affezionato, poi staccò gli ormeggi e, veloce veloce, si allontanò da riva.

Non aveva fatto molta strada che il gatto prese improvvisamente a miagolare. Xiaoer scrutò la superficie ribollente dell'acqua e, vista una formica che stava per morire travolta dai flutti, la trasse in salvo. La formica ringraziò calorosamente, prese un remo e si mise a remare.

Rema e rema, ecco che il gatto si mise di nuovo a miagolare. Xiaoer scrutò di nuovo le acque e, vista un'ape regina che annaspava disperatamente tra le onde, la trasse in salvo. E l'ape regina, non appena salita sulla barca, ringraziò e aiutò la mamma di Xiaoer al timone.

L'acqua, sempre più minacciosa, aveva già superato i tetti delle case. Rema e rema, ecco che dal cielo cadde un fagiano.

Aveva volato per più di un giorno e una notte e, non avendo trovato dove posarsi per riposare, era precipitato, vinto dalla stanchezza.

Xiaoer aveva appena salvato anche il fagiano quando sentì un urlo che proveniva dal fiume.

- Aiuto... aiuto... qualcuno mi salvi!

Un giovane dalla faccia pallida, con un lungo abito di broccato, si dibatteva tra i flutti, abbracciato a un tronco d'albero.

Dalla prua della barca Xiaoer gridò: - Chi sei? Un uomo buono o cattivo?

- Mi chiamo Zhang Pusan, Zhang dei Tre No e cioè: non sono pigro, non sono un ghiottone e non rubo. Sono una brava persona... se non ci credi, tirami in salvo e vedrai!

Xiaoer gli credette; gli lanciò una corda e lo trasse in salvo sulla barca, all'asciutto. Stanco morto, Zhang Pusan si sdraiò subito su una stuoia, dormì a lungo e si alzò solo per mangiare, senza preoccuparsi minimamente di dare una mano agli altri.

Dopo molti giorni l'acqua cominciò a defluire, ma la casa di Xiaoer era stata completamente inghiottita dalle acque, bisognava ricostruirla. Zhang Pusan, come sentì che c'era da faticare molto, disse:

– Bene, io penserò a dirigere i lavori.

E così, il giorno seguente di buon mattino, mentre c'era chi preparava le fondamenta, chi trasportava i

tronchi d'albero, chi segava e squadrava, Zhang Pusan, con la pancia piena, sdraiato su un'amaca con le dita incrociate, dava comandi a destra e a sinistra... ma ne diceva di talmente grosse che ben presto nessuno gli dette più ascolto.

In verità questo Zhang dei Tre No, non pigro, non ghiotto e non ladro, era una persona gretta e meschina. Dopo aver scoperto il segreto della barca magica che, finita l'inondazione, si era trasformata di nuovo in una barchetta di carta, aveva deciso di tentare ogni sorta di trucco per impossessarsene.

Un bel giorno, approfittando di una sosta, mentre il gatto, la formica, l'ape regina e il fagiano riprendevano fiato, Zhang Pusan disse a Xiaoer:

– Fratello, tutti si lamentano: sono stanchi, stanchissimi. Perché non consegni la barca all'imperatore in cambio di oro, argento e pietre preziose?

Ci sarà da mangiare e da bere per tutti e più nessuno dovrà faticare.

Xiaoer chiese, dubbioso:

– E se venisse un'altra inondazione?

Zhang Pusan sbatté le palpebre con aria stupita.

– Una tale furia si abbatte sul mondo solo una volta ogni diecimila anni... e pensa un po' che peccato lasciare inutilizzata la barca per un tempo così infinitamente lungo!

Il buon Xiaoer credette a quelle parole e consegnò la barchetta di carta a Zhang Pusan che subito si mise in cammino per la lontana Pechino, giu-

rando che sarebbe tornato al più presto con tanto oro da arricchire tutti.

Passò una settimana.

Ne passarono due e Zhang Pusan non tornava. Allora Xiaoer, insospettito, informò gli amici di tutto quanto. E gli amici, irati e indignati, decisero che Xiaoer si sarebbe recato a Pechino per cercare quell'imbroglione e riprendersi la barca magica.

Dopo aver cavalcato per giorni e notti, ecco Pechino. La città era affollatissima e Xiaoer, pur cercando ovunque, non riuscì a trovare Zhang Pusan. Poi, una mattina, per strada, sentì dei colpi di gong e delle voci:

– Fate largo, fate largo, lasciate passare il potente signore...

Xiaoer alzò la testa e vide un ufficiale a cavallo, pieno di superbia, con un vasto seguito. Lo scrutò con attenzione: era proprio Zhang Pusan!

Si precipitò a fermare il cavallo e urlò a gran voce:

– Ehi, tu, restituiscimi la barchetta magica!

Ma Zhang Pusan, riconosciuto Xiaoer, ordinò ai suoi uomini di catturarlo e di dargli quaranta bastonate.

Nel frattempo, il gatto bianco, la formica, l'ape regina e il fagiano, dopo aver finito di costruire la casa e aver inutilmente aspettato il ritorno di Xiaoer, decisero di andare a Pechino per rintracciarlo.

Giunti in città, lo cercarono per tre giorni e tre notti e alla fine lo trovarono nei pressi di una piccola pagoda. Mezzo morto per le bastonate, era stato soccorso proprio dal vecchio che gli aveva donato la barchetta magica. Subito il fagiano andò alla ricerca di erbe miracolose e l'ape regina di un miele speciale. E con quelle erbe e quel miele le ferite guarirono miracolosamente.

Pieni d'odio contro Zhang Pusan, gli animali decisero di andare dall'imperatore e reclamare la barchetta. Ma come entrare nel palazzo?

Mentre stavano discutendo per trovare una soluzione, ecco risuonare in lontananza dei cupi colpi di gong. Chiesero a un passante che significato avessero e seppero così che la principessa figlia dell'imperatore era molto ammalata e che suo padre avrebbe concesso qualsiasi cosa a chi l'avesse guarita.

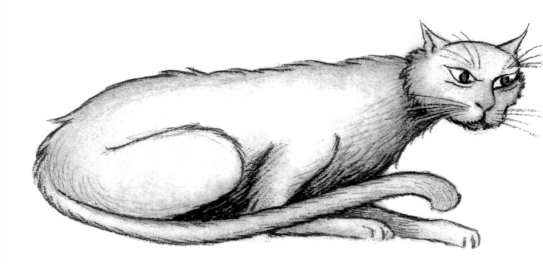

I colpi di gong richiamavano medici, sapienti e stregoni, ma finora nessuno aveva avuto successo.

Allora il vecchio suggerì a Xiaoer di travestirsi da medico, poi trasformò il fagiano in un bel giovane, il gatto in una fanciulla e la formica e l'ape regina in un bimbo e una bimba.

Al momento della separazione disse ai suoi protetti che, se mai in futuro avessero avuto bisogno di aiuto, dovevano solo urlare per tre volte, rivolti verso oriente: "Vecchio di ottant'anni".

Lui sarebbe subito apparso. Poi sorrise e svanì nel nulla.

I cinque andarono a palazzo imperiale, spiegarono il motivo della loro visita e furono introdotti al cospetto dell'imperatore.

Costui era proprio un fannullone, non pensava a nient'altro che a mangiare, bere e divertirsi; quando doveva prendere una decisione, si consigliava sempre con il suo primo ministro che era appunto Zhang Pusan. Anche questa volta lo mandò a chiamare.

Zhang Pusan si precipitò nella sala del trono, riconobbe Xiaoer nonostante il travestimento e si chiese chi fossero quelli del seguito. Suoi nemici anche loro, senza dubbio.

– Mio signore, – gridò – io li conosco bene costoro! Sono dei volgari boscaioli, altro che medici! Vogliono soltanto spillarti del denaro: falli legare e battere a sangue!

Prima che l'imperatore acconsentisse, Xiaoer si fece avanti e disse in fretta:

– Io ho veramente delle erbe miracolose, capaci di guarire ogni malattia.

Perché non mi lasci provare a guarire la principessa? Potrai farci bastonare in seguito, se non ci riesco.

E così l'imperatore, che sperava davvero di guarire la figlia, la fece venire nella sala del trono, preceduta da uno stuolo di ancelle e nutrici.

Non appena la vide, grassa grassa e pallida pallida, Xiaoer capì immediatamente che la causa della sua malattia era il troppo cibo e il poco moto. Le dette da bere un succo d'erbe, la fece camminare su e giù, ed ecco che già stava meglio.

Felice, l'imperatore disse a Xiaoer:

- Dimmi, che cosa vuoi in pagamento? - Rivoglio indietro la mia barchetta magica.

A quelle parole, l'imperatore si rabbuiò in viso e lanciò un'occhiata interrogativa al suo perfido consigliere e primo ministro che subito si chinò a sussurrargli qualcosa nell'orecchio.

Allora fece un ghigno e

disse a Xiaoer: -Avrai la barchetta solo se supererai una prova d'astuzia.

- E quale?

– Sette fanciulle si vestiranno esattamente come la principessa e insieme a lei ti sfileranno davanti con il viso coperto da un velo. Se non riesci a indovinare chi, tra tutte, è la principessa, perderai la barchetta per sempre.

Xiaoer a questo punto era preoccupato, ma l'ape regina gli mormorò:

– Non temere! Ho notato che la principessa porta nei capelli un fiore fresco, mentre tutte le altre fanciulle hanno un fiore di carta. Al momento opportuno arriverà una delle mie api: la fanciulla cui girerà intorno, sarà la principessa.

Un attimo dopo, ecco venire otto fanciulle tutte perfettamente uguali.

L'ape regina chiamò immediatamente una delle sue api che, dopo aver girato intorno a tutte, prese a ronzare insistentemente sopra i capelli della penultima a sinistra.

Xiaoer intuì subito che quella era la principessa e la indicò col dito.

L'imperatore, però, non voleva saperne di tener fede alla parola data.

– Ti darò una giara piena d'oro – disse a Xiaoer – ma non posso assolutamente separarmi da quella barchetta.

Xiaoer rifiutò e allora, inviperito, l'imperatore urlò:

– Dici che la barca è tua: dammene una prova!

Xiaoer si volse verso oriente e chiamò per tre volte:

– Vecchio di ottant'anni...

Il vento non aveva ancora disperso l'eco di quelle parole che il vecchio era già comparso.

– Io in persona ho consegnato la barchetta a Xiaoer! – proclamò.

Zhang Pusan e l'imperatore a questo punto non seppero più cosa dire: avevano perduto la partita.

Il fagiano-giovanotto, pieno d'ira, sbottò:

– Zhang Pusan, sei veramente un uomo malvagio. Che ti possa trasformare in un grande lupo grigio!

Tutti batterono le mani, approvando, e il vecchio disse:

– Zhang Pusan, trasformati in un lupo grigio!

E in un batter d'occhio, ecco comparire, al posto del malvagio, un feroce lupo grigio.

L'imperatore, terrorizzato, si era appollaiato sul trono.

La formica-bambino gridò:

– Tu non meriti di essere imperatore, pensi solo a mangiare, bere e divertirti! Che ti possa trasformare in un maiale!

Il vecchio contò:

– Uno... due... tre... quattro... cinque... che l'imperatore diventi subito un maiale!

Si udì un grugnito alzarsi dal trono. L'imperatore non c'era più, al suo posto c'era un grosso maiale.

Xiaoer e i suoi amici tornarono felicemente a casa con la barchetta magica e da quel giorno vissero felici, sempre insieme. E se in futuro ci sarà un'altra grande alluvione, niente paura: penserà certamente Xiaoer a metterci tutti in salvo!

Mulan

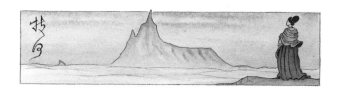

C'era una volta una ragazza di nome Mulan. Era intelligente, capace, laboriosa e onesta, e poiché il padre era già avanti negli anni e il fratellino ancora piccolo, la responsabilità di mandare avanti la famigliola era tutta sua.

Non appena vedeva il padre indaffarato, Mulan, per timore che si stancasse, subito gli diceva:

– Riposati, ci penso io.

Amava teneramente anche il fratellino e, non appena lo vedeva alle prese con qualche lavoro, subito gli diceva:

- Vai a giocare, un attimo e faccio io.

A sera, poi, mentre i due dormivano, Mulan approfittava della candida luce lunare per filare, tessere, rammendare. Poiché si stava avvicinando l'inverno, bisognava tessere una calda coperta per il babbo, e anche il fratellino aveva bisogno di una nuova giacchetta imbottita. A mezzanotte, così, nella quiete della casa, si sentiva solo il ticchettio del telaio.

Una notte, proprio mentre stava tessendo, Mulan sentì, lontano lontano, un rumore di cavalli al galoppo. Il rumore si avvicinò lentamente, e poi svanì, proprio davanti alla capanna. Mulan aprì la porta per dare un'occhiata e vide un ufficiale che, balzato giù da cavallo, le consegnò un foglio.

- È scoppiata la guerra nelle zone di frontiera - disse - e l'imperatore sta reclutando le truppe. Anche in questa casa c'è un uomo valido: ecco l'ordine di prepararsi a partire.

Poi l'ufficiale balzò di nuovo in sella e scomparve al galoppo.

Mulan prese il documento con mani tremanti e

scorse rapidamente tutti i nomi elencati finché trovò quello di suo padre.

"Se ci sarà una guerra nelle terre di confine" pensò "il popolo dovrà affrontare una dura prova. È necessario combattere, certo, ma mio padre è vecchio, non riesce più a stare in sella né a tenere in mano un fucile… guai a farsi sentire da lui, ma è la verità. E, anche se parte, potrà fare ben poco. Ah, se solo avessi un fratello maggiore in grado di sostituirlo… E se andassi io? Ma no, è impossibile! Quando mai si è vista una ragazza scendere sul campo di battaglia e affrontare i nemici?"

Sospirando, Mulan fissava il cielo stellato.

E forse furono le stelle a suggerirle l'idea che la fece esclamare:

– Ma sì, ma sì… ho trovato!

Non dormì per tutta la notte e, il giorno seguente, non appena spuntò l'alba rosata, si precipitò a comprare un maestoso cavallo rossiccio, una lucente sella di cuoio, frusta e briglie.

A sera tagliò, imbastì e cucì una bellissima uniforme da combattimento e poi… poi si tagliò i lun-

ghi capelli corvini e, nascosti i corti riccioli in un faz-
zoletto legato dietro la nuca, indossò uniforme e armatura e salì a cavallo. Aveva proprio l'aspetto di un bel
cavaliere!

Salutò i suoi cari, lasciò il villaggio e si mise al
seguito dell'armata che si recava a combattere nelle
terre di confine.

Cavalca e cavalca, l'esercito arrivò alle sponde del

Fiume Giallo: Mulan non sentiva già più la voce del padre che la chiamava, sentiva solo il rumore dei flutti impetuosi del Fiume Giallo.

E ancora cavalca, cavalca, l'esercito arrivò ai piedi del Monte Heishan: Mulan non sentiva più la voce del fratellino che la chiamava, udiva solo le urla della cavalleria nemica in arrivo.

La guerra fu lunghissima: ci vollero dodici anni

per sconfiggere il nemico, e un gran numero di morti. Per tutto quel tempo Mulan fu coraggiosa e audace e, compiendo azioni pericolosissime e distinguendosi sul campo di battaglia, si conquistò il grado di generale.

Quando l'esercito tornò vittorioso, l'imperatore chiamò in udienza quel giovane e prode generale pensando di ricompensarlo con oro e argento e con la carica di ministro. Ma Mulan, che aveva combattuto al posto del padre solo per la salvezza della nazione, rifiutò l'oro, l'argento e la carica di ministro; chiese solo un cammello che corresse più veloce del vento per tornare al villaggio dove era nata, tra la gente che amava.

Il padre le andò incontro per strada. In quei dodici lunghissimi anni i suoi capelli erano diventati completamente candidi e camminava reggendosi a un bastone. Il fratellino, diventato un giovane forte e robusto, era in

cucina ad affilare i coltelli per preparare un sontuoso banchetto di benvenuto alla sorella tanto coraggiosa.

Alcuni compagni d'arme avevano accompagnato Mulan a casa; mentre il padre offriva loro da mangiare e da bere a sazietà, Mulan si ritirò nella sua stanza, si tolse la pesante armatura e indossò di nuovo abiti femminili di stoffa leggera. Quando i soldati la videro, rimasero a bocca aperta per lo stupore: in dodici anni di battaglie passati insieme, mai avevano immaginato che, sotto l'armatura e l'uniforme da combattimento, si celasse una così bella e delicata fanciulla!

INDICE

un Mondo di Fiabe

Rossana Guarnieri

Fiabe degli Indiani d'America

Illustrazioni di Marilena Pasini

Carla Poesio

Fiabe da tutto il Mondo

Illustrazioni di Germano Ovani

Pina Ballario

Fiabe delle Dolomiti

Illustrazioni di Valentina Salmaso

Renato Caporali

Fiabe Arabe

Illustrazioni di Alessandra Rundine

Alberto Melis

Fiabe
della
Sardegna

Illustrazioni di Giuseppe Braghiroli

Rossana Guarnieri

Fiabe
dell'India
Incantata

Illustrazioni di Maddalena Arcangeli

Marina Grassini

Fiabe
Cinesi

Illustrazioni di Cecco Mariniello

Carla Poesio

Fiabe
Russe

Illustrazioni di Sophie Fatus